Jutta Bauer · Kirsten Boie
Ich bin Juli!

Die Juli-Bilderbücher von Jutta Bauer und Kirsten Boie entstanden als Fernsehfilme für das ZDF-Programm *Siebenstein* und liegen (bis auf *Juli und das Gokart*) auch als Bilderbuch vor.

Jutta Bauer • Kirsten Boie

Ich bin Juli!

Geschichten aus dem
Kindergarten

GULLIVER
von BELTZ & Gelberg

Jutta Bauer, geboren 1955 in Hamburg, studierte an der Hamburger Fachhochschule für Gestaltung. Sie ist Illustratorin, Autorin, Herausgeberin und lebt in Hamburg. Bei Beltz & Gelberg erschienen von ihr u.a. die Bilderbücher *Die Königin der Farben* (u.a. Schönste Bücher Deutschlands, Stiftung Buchkunst, Kinderbuchpreis Nordrhein-Westfahlen, Troisdorfer Bilderbuchpreis) und *Schreimutter* (Deutscher Jugendliteraturpreis). Für ihr Gesamtwerk wurde sie mit dem Sonderpreis des Deutschen Jugendliteraturpreises und dem Hans-Christian-Andersen-Preis ausgezeichnet.

Kirsten Boie, geboren 1950 in Hamburg, studierte Literaturwissenschaft und Anglistik in Hamburg und Southampton. Seit1985 schreibt sie Kinder- und Jugendbücher, für die sie zahlreiche Auszeichnungen erhielt. Kirsten Boie hat zwei erwachsene Kinder und lebt in Hamburg. Für ihr Gesamtwerk wurde sie 2007 mit dem Deutschen Jugendliteraturpreis ausgezeichnet.

Dieses Buch ist erhältlich als:
ISBN 978-3-407-78530-5 Print
ISBN 978-3-407-74983-3 E-Book (EPUB)

© 2019 Gulliver
in der Verlagsgruppe Beltz · Weinheim Basel
Werderstraße 10, 69469 Weinheim
Alle Rechte vorbehalten
© 2005 Beltz & Gelberg
© 2008 Gulliver
Erstmals erschienen unter dem Titel *Juli!*
Neue Rechtschreibung
© 1991 Kein Tag für Juli © 1993 Juli, der Finder
© 2005 Juli und das Gokart © 1994 Juli tut Gutes
© 1996 Juli wird Erster © 1995 Juli und das Monster
© 1999 Juli und die Liebe
Einband- und Innenillustrationen: Jutta Bauer
Einbandgestaltung: Jasmin Kerstner unter Verwendung
einer Illustration von Jutta Bauer
Druck und Bindung: Beltz Grafische Betriebe, Bad Langensalza
Printed in Germany
1 2 3 4 5   23 22 21 20 19

Weitere Informationen zu unseren Autor_innen und Titeln
finden Sie unter: www.beltz.de

Inhalt

Kein Tag für Juli

An manchen Tagen geht alles schief.
Gleich morgens hat Mama verschlafen, weil
das Baby in der Nacht wieder geschrien und
geschrien hat, und nun muss Juli beim
Anziehen ganz fürchterlich hetzen, damit er
nicht zu spät in den Kindergarten kommt.

Und dann ist auch noch sein Jogginganzug in der Wäsche und Juli muss eine Jeans anziehen, und dabei ist im Kindergarten heute Turnen, und den Knopf von der Jeans kriegt er beim Anziehen im Leben nicht alleine zu.

Und zuerst kann Juli auch sein Glühwürmchen nicht finden. Das Glühwürmchen ist ein kleines Plastiktier, und wenn man es unter eine Lampe hält, kann es nachher im Dunkeln ganz von alleine leuchten.

Ohne Glühwürmchen will Juli nicht in den Kindergarten, aber dann findet Mama es in seinem Gummistiefel und da geht Juli doch.

Im Kindergarten kriegt er beim Umziehen
natürlich den Jeansknopf nicht zu und die
Mädchen sagen, Haha, kleines Baby!, und da
muss er ihnen ganz schnell eine scheuern.
Das sieht die Erzieherin und sie sagt, Juli muss
sich entschuldigen, und Juli sagt, Nein, das tut
er nicht. Aber die Erzieherin guckt ihn immer
so an und sein Hosenknopf ist auch noch auf
und da sagt er, Na gut, aber nur *sagen* und nicht
die Hand geben.

Das erlaubt die Erzieherin und sie macht Juli
den Knopf zu und Juli sagt zu den Mädchen
»Entschuldigung!«, ganz schnell und ganz leise,
aber die Hand gibt er ihnen nicht.

Dann ist Kindergartenfrühstück und weil heute
so ein verquerer Tag ist, gibt es auch keinen
Apfelsaft, nur Tee, und dabei kann Juli Tee
nicht ausstehen.

Und natürlich hat Mama ihm wieder Brot mit
Reformhaus-Aufstrich eingepackt und dabei
hat Kai neben ihm einen Müsliriegel mit und
Carolin immerhin einen Apfel. Und keiner von
beiden will tauschen, obwohl Juli ihnen sagt, es
ist aber sehr leckerer Reformhaus-Aufstrich und
sehr gesund.

Dann gehen sie nach draußen spielen und Juli
hat so schlechte Laune, dass er gleich platzt,
wenn nicht irgendwas passiert.
Zum Glück fällt Anja beim Kriegenspielen
gegen Kai und Kai fällt gegen Juli und da boxt
Juli ihm eins in den Bauch. »Kannst du nicht
aufpassen, du Blödmann!«, schreit er.
»Pass du auf!«, schreit Kai und boxt zurück und
leider ist er stärker als Juli und das hat Juli
bisher nicht gewusst.

Als sie fertig sind mit Kämpfen, sieht Julis neues
Sweatshirt gar nicht mehr schön aus und seine
Jeans schon überhaupt nicht. Überall ist sie
ganz eingesaut, und als Juli nach Hause geht,
ist er so schlechter Laune wie überhaupt noch
nie in seinem Leben.

Und dann hat Mama auch noch Babygruppe!
Seit sie das neue Baby hat, trifft Mama sich
immer mit anderen Müttern mit Babys und
die Babys liegen dann auf Wolldecken rum
und quietschen und schreien und nuckeln
am Daumen. Und die Mütter möchten, dass
Julian mit ihnen spielt und sie kitzelt und
»dei-dei-dei!« sagt, und sie reden und trinken
Kaffee und keiner spielt mit Juli.

Deshalb geht Juli einfach ohne zu fragen
nach draußen und da bauen sich die großen
Schulkinder gerade eine Hütte. Sie sagen,
wenn Juli sie nicht stört, darf er mitmachen.
Da schleppt Juli den ganzen Nachmittag Bretter
und hält Platten fest, damit die Großen sie
zusammenhämmern können und er hat kein
bisschen mehr schlechte Laune und es ist kein
bisschen mehr ein verquerer Tag.

Das wird es erst wieder, als Papa ihn zum
Abendbrot reinholt und mit ihm schimpft und
sagt, dass er nicht so einfach abhauen darf.
Und als Juli ins Bett soll, ist plötzlich das
Glühwürmchen nicht mehr da.
»Mein Glühwürmchen!«, schreit Juli.
»Nun überleg mal ganz ruhig, wann du es
zuletzt gehabt hast«, sagt Papa.
Juli klettert aus dem Bett und rennt zum

Schuhschrank. Aber im Gummistiefel ist das Glühwürmchen diesmal natürlich nicht, und wo es sonst sein könnte, hat Juli keine Ahnung.

»Hattest du es mit im Kindergarten?«, fragt Papa. »Oder bei der Hüttenbauerei heute Nachmittag?«

»Weiß ich doch nicht!«, schreit Juli. »Mein liebstes Glühwürmchen!«

»Das Ding war sowieso grässlich«, sagt Papa. »Was glaubst du denn, was da so leuchtet? Da ist lauter chemisches Zeugs draufgesprüht, das war bestimmt schrecklich ungesund.«

»Gar nicht ungesund!«, schreit Juli, und dann
zieht er sich blitzschnell seine Gummistiefel an,
wo sie sowieso schon mal dastehen, und saust
im Schlafanzug nach draußen.
»Julian!«, brüllt Papa. Aber natürlich muss er
sich erst mal Schuhe anziehen, sockfuß traut er
sich nicht raus und darum ist Juli schon halb
bei der Hütte und Papa schnürt immer noch
die Schuhbänder zu.

Draußen ist alles schon dunkel.
»I-hin einem kleinen Apfel«, singt Juli. Im Dunkeln war
er noch nie allein draußen und einen Augenblick denkt
er, dass er sein Glühwürmchen vielleicht doch nicht

so dringend braucht. Aber dann singt er tapfer weiter, »da-ha sieht es lustig aus«, und dann geht er mit ganz kleinen Schritten zu der Stelle, wo sie sich heute die Hütte gebaut haben.

»Aber rein geh ich da nicht«, sagt Juli laut. Nur zu sich selber. Die Hütte ist schwarz und düster und man kann nie wissen, ob sich nicht gefährliche Seeräuber oder Gespenster, die es gar nicht gibt, darin versteckt haben.

»Julian!«, sagt eine Stimme und jemand packt Juli von hinten an der Schulter. Es fühlt sich genauso an wie ein gefährlicher Seeräuber, aber als Juli sich umdreht, ist es doch nur Papa. »Ich kann es nicht finden!«, schluchzt Juli und er wühlt seinen Kopf ganz tief in Papas Jacke. »Es ist weg!« Und er muss weinen und weinen

und weinen, weil er sich im Kindergarten
prügeln musste und weil sie über ihn gelacht
haben und weil so ein verquerer Tag war und
weil sein Glühwürmchen weg ist.

»Na, na, na, na«, sagt Papa und drückt Julis
Kopf noch fester gegen seinen Bauch. »Ist ja
schon gut, mein Großer.«

Dann nimmt er Juli einfach auf den Arm und
trägt ihn nach Hause. Und weil es dunkel ist
und ihn keiner sieht, weint Juli auf Papas Arm
einfach weiter.
Aber dann hört der verquere Tag doch noch
auf, verquer zu sein.

Ganz dicht am Zaun von Schröders Garten, wo
man immer aufpassen muss, dass man nicht in
Hundedreck tritt, leuchtet im Gebüsch etwas
grün-weiß und unheimlich auf.

»Mein Glühwürmchen!«, schreit Juli und
springt so schnell von Papas Arm, dass er Papa
dabei aus Versehen fast ans Schienbein tritt.
»Mein allerliebstes Glühwürmchen!«

»Dieses Ding da?«, fragt Papa und langt über
den Zaun, wo das Glühwürmchen zwischen den
Zweigen nur noch ganz schwach glimmt. »Dann
ist der Tag ja gerettet.«

»Genau«, sagt Juli und fast hätte er das
Glühwürmchen ganz fest auf sein chemisches
Zeugs geküsst.

Juli, der Finder

Einmal ist Juli ein Finder gewesen und zur
Polizei gegangen und im Peterwagen nach
Hause gefahren, und das war an dem Tag, an
dem er allein vom Kindergarten nach Hause
gehen durfte.
»Schaffst du das auch wirklich alleine?«, hat
Mama Juli am Morgen gefragt, als sie ihn im
Kindergarten abgeliefert hat. »Ganz bestimmt?«
»Jajaja«, sagt Juli und schiebt ein bisschen

gegen Mamas Po, damit sie gehen soll. Neben
ihm steht nämlich Martin und den holt schon
seit tausend Jahren keiner mehr ab.
»Aber nur bei der Ampel über die Straße
gehen!«, sagt Mama. »Hörst du!«
»Jajaja«, sagt Juli böse. »So'n Babykram! Das
weiß ich längst!«

Aber jetzt ist es mittags ein Uhr und die
Erzieherin sagt, dass Juli dann gehen darf.
Ganz alleine.

Juli hüpft zwischen den Pfützen und tritt nur
manchmal ganz wenig hinein. Schließlich muss
er heute selbst auf sich aufpassen. Und wenn
er sich zu nass spritzt, muss er selbst mit sich
schimpfen. Das ist ein komischer Gedanke.
An der Ampel muss Juli nach dem Knopf-
drücken überhaupt nicht so lange warten wie

sonst. Gleich wird sie grün und alle Autos
halten extra für Juli. Da geht er lieber doch
nicht gleich nach drüben.
Er wartet, bis die Autos wieder abgefahren sind
und dann drückt er noch mal und noch mal
und noch mal. Dann müssen immer alle Autos

für Juli halten und sogar ein Laster ist einmal
dabei und ein Motorrad.

Und wenn die Ampel für die Autos wieder grün
wird, winkt Juli ihnen, dass sie weiterfahren
dürfen, weil einer, der alleine nach Hause
gehen darf, sich auskennt mit dem Verkehr,
und dann drückt er noch mal auf den Ampel-
knopf.

Mitten auf dem Zebrastreifen überholt er Wanja
aus seiner Gruppe. Sein Vater hält ihn an der
Hand.
»Na, Wanja?«, sagt Juli und hüpft noch ein
bisschen wilder als vorhin, damit Wanja merkt:
Einer, der allein nach Hause gehen darf, kann
tun, was er will.

Dabei wäre er fast gegen einen riesigen Hund
gehüpft.
Ein Glück, dass Juli fast gar keine Angst vor
großen Hunden hat und »Mama!« schreit er
auch nur, damit Wanja hinter ihm nicht
vielleicht wirklich gegen den Hund rennt.

Und dann sieht er plötzlich das Wunderbare.
Es liegt unter dem Papierkorb neben der Bank
mit der kaputten Lehne. Das Wunderbare ist
ein Schuh.
Mama hat gesagt, er soll sich nirgendwo
aufhalten und auf keinen Fall trödeln, aber
da konnte sie natürlich noch nicht wissen,
was Juli heute finden würde.

Der Schuh ist ein alter brauner Männerschuh
und sogar der Schnürsenkel ist noch dran. Nur
vorne ist zwischen Sohle und Leder ein winziges
Loch. »Den hat hier einer verloren«, sagt Juli
und stellt sich vor, wie traurig der nun bestimmt
ist. »Armer Mann.«

Mama hat gesagt, wenn man etwas findet, was einem nicht gehört, dann muss man es zur Polizei bringen. Dann ist man ein ehrlicher Finder und kriegt vielleicht Finderlohn. Vielleicht aber auch nicht.

Die Polizeiwache ist gar nicht weit weg. Mama
hat gesagt, Juli soll sich nirgendwo aufhalten,
aber da konnte sie ja noch nicht wissen, dass er
zur Polizei muss. Und dass er deswegen noch
mal über die Straße muss, konnte sie auch nicht
wissen.

»Hallo, du, Herr«, sagt Juli. Es ist höflicher,
Herr zu sagen als Mann. »Bringst du mich über
die Straße?«

»Aber gerne, mein Kind«, sagt der Mann und
nimmt Julis Hand ganz fest in seine.

»Du hast nicht links-rechts-links gemacht«, sagt
Juli. »Das muss man.«

»Ja, mein Kind«, sagt der Mann und geht
wieder zurück auf die andere Seite. Aber
links-rechts-links macht er wieder nicht.
Dass ein erwachsener Mann noch nicht weiß,
wie man richtig über die Straße geht, denkt
Juli. Und darf natürlich trotzdem schon seit
tausend Jahren allein nach Hause gehen.

Dann ist er bei der Polizeiwache angekommen. Drinnen sitzt ein Polizist ohne Mütze aber mit Polizistenhemd und tippt mit zwei Fingern auf einer Schreibmaschine.

»Ich bin ein ehrlicher Finder«, sagt Juli laut. Der Polizist hört auf zu tippen. »Was?«, fragt er ungeduldig.

Es heißt »wie bitte«, das hat Mama ihm ja nun tausend Mal erklärt, aber Juli will den Polizisten nicht verlegen machen.

»Ich hab einen Schuh gefunden«, sagt er. »Den könnt ihr haben. Auch ohne Finderlohn.«

»Einen Schuh?«, fragt der Polizist. »*Diesen* Schuh? Glaubst du, wir sind die städtische Müllverbrennungsanlage?«

Aber da steht sein Kollege auf. Überhaupt sieht
der aus, als ob er der Chef ist. »Zeig her«, sagt
er. »Und wo, sagst du, hast du den gefunden?«
»Beim Papierkorb«, sagt Juli schnell. »Bei der
kaputten Bank.«
»Beim Papierkorb«, sagt der Chef-Polizist, »bei
der kaputten Bank. So so. Wir freuen uns
immer, wenn Kinder ehrlich sind und uns
bringen, was sie gefunden haben. Jetzt bitte
noch hier unterschreiben.«

»Ich kann aber noch nicht schreiben!«, sagt Juli erschrocken. Niemand hat ihm erklärt, dass ein ehrlicher Finder schreiben muss. »Nur Männchen malen. Und Raumkapseln.«

»Dann holen wir die Unterschrift nach, wenn du zur Schule gehst«, sagt der Polizist. »Und wo wohnst du denn, junger Mann?«

Da sagt Juli seine Adresse, weil einer, der alleine

nach Hause geht, die natürlich weiß. Und der
Polizist sagt, das ist aber ein Glück, da muss er
mit seinem Peterwagen sowieso gerade hin, und
ob Juli mitfahren möchte?
Das möchte Juli natürlich, aber der Peterwagen
ist von innen auch nur wie ein gewöhnliches
Auto. Nur dass es ein Funkgerät darin gibt, aber
das klingt auch nicht anders als ein Autoradio
mit Knacksern. Trotzdem ist ein Peterwagen
gut. Wanja ist bestimmt noch nie Peterwagen
gefahren und Martin auch nicht.

»Juli!«, schreit Mama, als der Polizist ihn an der
Tür abliefert. »Ich hab mir schon solche Sorgen
gemacht!«

»Ihr Sohn musste noch eine Fundsache
abliefern«, sagt der Polizist und tippt sich
an die Mütze. »Alles korrekt, alles korrekt.«
Und Juli denkt, dass er morgen bestimmt
wieder alleine nach Hause geht. Alles korrekt,
alles korrekt.

Juli und das Gokart

Immer donnerstags geht Mama zum Bio-Laden,
Vorräte aufstocken, und Juli muss mit.
»Nee, pöh, hab ich gar keine Lust dazu«, sagt
Juli, als Mama sein altes Klapper-Gokart in den
Hausflur trägt, damit es keiner klaut, »nee, pöh,
geh du doch alleine!«
Aber Mama sagt, dass sie Juli unmöglich so
lange alleine draußen lassen kann, schon gar

nicht mit Gokart und wenn er lieb ist, kauft sie
ihm auch ein Eis. Da geht Juli eben mit, aber
ein freundliches Gesicht macht er nicht und
den Kinderwagen schiebt er auch nicht für
Mama.

Und dann lässt Mama ihn nicht mal mit in den
Laden rein!
»Nun sei mein lieber großer Junge und bewach
schön das Baby, solange ich einkaufe«, sagt
Mama und Juli denkt, dass das wieder mal ein
großer Blödsinn ist, weil bestimmt sowieso

niemand so ein altes Schreibaby klaut, aber laut
sagt er das nicht, sonst gibt es nachher vielleicht
kein Eis. Nur den Kinderwagen kippelt er
immer so mit Schwung hin und her, bis das
Baby quietscht, aber da kommt eine fremde
Frau und droht ihm mit dem Finger und da
hört Juli lieber wieder auf.

Und dann sieht er das Gokart. Es ist das tollste
Gokart, das Juli je gesehen hat, und es hat die
dicksten Reifen, die es gibt. Aber natürlich
gehört es auch einem sehr großen Jungen,
mindestens zwölf, und wenn man kleiner ist,
kriegt man so was Tolles bestimmt noch nicht.
Juli nimmt seine Hände vom Kinderwagengriff

und geht ein paar Schritte auf den großen
Jungen zu.

»Na?«, sagt Juli vorsichtig und zieht die Nase
hoch. Aber der große Junge guckt ihn nicht
mal richtig an.

Juli seufzt. Das ist immer so, das weiß er schon.
Große wollen mit den Kleinen nicht so viel zu
tun haben und wenn sie so ein tolles Gokart
haben, bestimmt schon sowieso nicht.

»Ich hab auch ein Gokart«, sagt Juli mutig und geht noch einen Schritt dichter an den großen Jungen heran. »Aber Klapperscheese.«

Der Junge guckt ganz kurz zu ihm hin. »Hau ab«, sagt er dann, aber er steht nicht auf, um Juli eine zu scheuern, und das ist doch ein gutes Zeichen. Da muss Juli vielleicht nur ein bisschen länger mit ihm reden, dann darf er das Gokart mal angucken.

»Klapperscheese«, sagt Juli darum wieder und nickt ganz doll. »Ist mein Gokart. Darf ich vielleicht bitte mal mit deinem?« Und als der Junge ihn so richtig wild anstarrt, sagt Juli noch schnell: »Oder nur mal genauer gucken, vielleicht, reicht auch!«

Aber da ist der große Junge schon fast bei ihm angerollt gekommen, und oh!, sein Gokart ist noch viel wunderbarer als Juli gedacht hat! Kein bisschen treten muss man, damit es fährt,

einen ganz echten Motor hat es, Elektro, ganz
leise. Nur lenken muss der Junge es natürlich
noch, mit einem winzigen Hebel an der
Armlehne, und jetzt hält er ganz dicht vor Juli
an, dass Juli schon denkt, gleich springt er raus
und scheuert ihm eine. Da geht Juli lieber
einen Schritt zurück.

Aber der große Junge will ihm gar keine scheuern. »Was ist los?«, sagt er und das klingt nicht freundlich und nicht unfreundlich, nur einfach so toll gelangweilt, wie nur große Jungs reden können, und darum traut Juli sich doch und sagt noch mal ganz schnell, wie cool er das Gokart findet, und ob er vielleicht bitte mal damit fahren darf. Nur ein einziges kleines Mal, wenn er ganz vorsichtig ist und es nicht kaputt macht.

Und der große Junge sagt überhaupt nicht: »Du Babyzwerg, hau ab!«, wie es die Mofa-Jungs an der Ecke immer sagen. Er grinst sogar ganz

freundlich und zeigt auf seinen Schoß. »Steig
ein, Alter«, sagt er.

Also darf Juli wirklich! Jetzt darf Juli wirklich
mit dem tollsten Gokart fahren! Natürlich hat
er eigentlich gedacht, er darf alleine, aber das
traut er sich jetzt nicht zu sagen. Vielleicht
braucht man für so ein elektrisches sogar schon
einen Führerschein und den hat Juli ja nicht.
Und darum kann Juli sich freuen, wenn
der große Junge ihn überhaupt mitnimmt.
Autoscooter auf dem Jahrmarkt darf er auch
immer nur mit Papa zusammen fahren.

Darum sagt Juli schnell: »Ja, danke« und klettert
dem Jungen einfach auf den Schoß. Dann
fahren sie los, immer um den Blumenkübel
mit den vertrockneten Stiefmütterchen und
dem Eispapier drin herum, und als Juli
»schneller!« schreit, gibt der Junge Gas, dass
sie fast zwei Verliebte umgefahren hätten, die
sich ganz albern abknutschen.

Und die drehen sich auch ganz blitzschnell um
und gucken böse und Juli will schon abspringen
und rennen; aber die beiden Verliebten starren
ihn nur an und dann gehen sie ganz schnell
weg, als hätten sie gar nichts gesehen.
Die haben gewusst, dass wir zu schnell für sie
sind, denkt Juli zufrieden, haha, alte Feiglinge
und dann schreit er: »Noch mal!«

Und genau da kommt tatsächlich Sascha aus
Julis Kindergarten mit seiner Mutter vorbei!
Der muss bestimmt auch Vorräte aufstocken,
Sascha hat im Kindergarten auch immer
Reisbrot mit und so trockene Karobkekse.
»Platz da, aus dem Weg da!«, schreit Juli, damit
Sascha ihn unbedingt sieht, und dann prescht
der große Junge mit einem Affenzahn auf
Sascha los, dass der erschrocken zur Seite
springt.

Aber seine Mutter beschützt ihn kein bisschen,
wo sie doch sonst immer gleich meckert. Sie
packt Sascha nur an der Hand und zieht ihn
in den Laden und Juli starrt sie immer so an.
Bestimmt erzählt Sascha das morgen im
Kindergarten und dann wissen alle, was für
ein toller Raser Juli ist.

»Geile Scheese«, sagt Juli glücklich, als der große Junge neben dem Blumenkübel anhält, »schweinegeile Scheese.«

Aber natürlich muss genau in diesem Augenblick Mama aus dem Laden kommen und sie
starrt Juli ganz merkwürdig an. Bestimmt hat
sie gehört, wie er »schweinegeil« gesagt hat
und das kann sie überhaupt nicht ausstehen.
Da hilft nun alles nichts, da geht Juli lieber
ganz friedlich nach Hause.

»Ich muss jetzt nach Hause«, sagt er zu dem Jungen und hält ihm die Hand hin. »Ich bin hier immer donnerstags. Darf ich vielleicht mal wieder?«

»Juli!«, ruft Mama. Gleich hat sie die ganzen Vorräte ins Netz vom Kinderwagen gepackt, dann will sie losgehen.

»Kann sein, kann auch nicht sein«, sagt der Junge, aber die Hand schüttelt er Juli nicht. »Man sieht sich.«

»Man sieht sich!«, ruft Juli glücklich und dann rennt er ganz schnell zu Mama.

»Das kannst du doch nicht machen!«, sagt
Mama erschrocken, als Juli beim Kinderwagen
ankommt. »Juli, das kannst du doch nicht
machen!«

»Ich hab ja trotzdem auf den Kinderwagen
aufgepasst!«, sagt Juli maulig. Natürlich brüllt
das Baby jetzt wieder wie verrückt. »Du, Mama!
Ich hab immer hingeguckt, den konnte ja gar
keiner klauen!«

»Ach, Juli!«, sagt Mama, und jetzt schiebt sie
los, ohne sich noch einmal umzudrehen.
»Du kannst doch da nicht einfach mitfahren!«
Juli seufzt. Bestimmt war es ihr wieder zu
schnell, sie will ja auch nie, dass er bei den
Mofa-Jungs aufsteigt. Und vielleicht hat Sascha
auch gepetzt wegen dem Anrempeln.
»Das tut man einfach nicht!«

Jajaja, denkt Juli böse. Das tut man nicht, das
tut man nicht. Aber der große Junge hat gesagt,
man sieht sich.
In Julis Bauch wird es ganz warm und glücklich.
Jetzt kennt er einen Jungen, der ist fast so alt
wie die Mofa-Jungs und der sagt nicht mal
Baby-Zwerg zu ihm. Und nächsten Donnerstag
fährt er vielleicht wieder Gokart.

Juli tut Gutes

Als Juli vom Kindergarten nach Hause kommt,
hat er ganz schlechte Laune.
»Ich mach das nicht, pöh, sollst du mal sehen!«,
sagt er böse zu Mama und schleudert seinen
Schuh in die Ecke. »Das wird die schon
merken, pöh, ich mach das nicht!«
»*Was* machst du nicht, Juli?«, fragt Mama
erstaunt. Mama füttert gerade das Baby, da ist
es ja ein Wunder, dass sie überhaupt zuhört,
wenn Juli ihr was erzählt.

»Martinstag!«, sagt Juli wütend und schleudert
den anderen Schuh auch noch weg. »Pöh, ich
mach das nicht!«

Im Kindergarten haben sie heute gesagt, dass
sie in diesem Jahr den Martinstag aber mal
richtig feiern wollen. Nicht nur mit einem
Laternenumzug! In diesem Jahr wollen sie es
genauso machen wie der heilige Martin und
von ihren Sachen was für die Armen abgeben.
Das hat dieser Martin nämlich gemacht und
darum ist er jetzt heilig.

Er ist auf seinem Pferd geritten, als es kalt war,
und dann hat er einen armen Mann getroffen,
der hatte gar nichts an. Da hat der heilige
Martin überhaupt nicht gezögert, hat die
Erzieherin gesagt, und schwups!, schon hatte
er seinen Mantel ausgezogen und ihn mit dem
Schwert in zwei Hälften geteilt. Und eine hat
er dann dem armen Mann gegeben.

»Würde ich logisch auch machen, wenn ich ein
Pferd hätte und ein Schwert!«, sagt Juli zu
Mama. »Wintermäntel sind ja sowieso blöde.
Da find ich Anoraks besser!«
»Ja, findest du, Juli?«, sagt Mama und versucht
dem Baby noch einen Löffel Spinat zu geben.
Aber das Baby haut nur dagegen, dass es spritzt.
»Könnte ich leicht machen, so was wie der
Martin!«, sagt Juli. »Das ist ja keine Kunst!«

Aus dem Kühlschrank holt Juli sich eine Packung Apfelsaft. Aber im Kindergarten sollen sie zum Martinstag eben keine Mäntel durchschneiden, da sollen sie Spielsachen mitbringen! Die verkaufen sie dann auf dem Martinsflohmarkt. Und das Geld, das sie dabei verdienen, das schicken sie armen Menschen. Dass die sich mal ordentlich was zu essen kaufen können.

Aber seine Spielsachen weggeben möchte Juli
nun wirklich nicht so gerne. Seine Spielsachen
braucht er alle noch selber.
»Na, na, na, Juli!«, sagt Mama und wischt
dem Baby den Mund ab. »Das ist doch eine
schöne Idee! Wir gucken gleich mal, worauf
du verzichten kannst.«
Aber verzichten kann Juli auf gar nichts, das
merkt Mama im Kinderzimmer ganz schnell.

Seine kleinen Autos braucht er alle selber und
seine Legos und den ganz neuen Indianerspeer
sowieso. Und sogar die alten Sachen, mit denen
er schon hundert Jahre nicht mehr gespielt hat,
sind eigentlich noch ganz schön. Die kann Juli
leider auch alle nicht hergeben.
Da geht Mama in den Keller und holt Julis
Klingeltelefon hoch und sie sagt, dann kann
Juli eben das spenden. Das braucht er ja
sowieso nicht mehr.

Aber abends im Bett muss Juli doch fast weinen.
Er hat gar nicht gewusst, dass er noch so ein
tolles Klingeltelefon hat! Wenn er mit Oliver
Polizei spielt, braucht er unbedingt ein Telefon.
Aber da ist nichts mehr zu machen. Das
Telefon ist schon längst in einer Plastiktüte.
Und morgen auf dem Flohmarkt wird es
verkauft, und wenn Juli dann Polizei spielen will,
muss er sein Telefon wieder aus Legos bauen.
Martinstag ist wirklich blöde.

Am nächsten Morgen ist im Kindergarten ordentlich was los. Alle Kinder haben Spielsachen mitgebracht, die legen sie sorgfältig auf die Tische. Es gibt Puzzles und schmuddelige Stofftiere und Babyrasseln und Bilderbücher und abgeschrammte kleine Autos und die Erzieherinnen schreiben mit dicken Filzstiften die Preise auf kleine Zettel.

Da wird Juli ganz aufgeregt. In seiner Hand hat
er noch zwei blanke Eineurostücke, die hat
Mama ihm mitgegeben. Dafür darf er sich am
Nachmittag, wenn der Flohmarkt losgeht, auch
selber was kaufen. Und Juli weiß auch schon,
was! Da hat er wirklich großes Glück gehabt.

Bei der doofen Juliane, die nie mit Jungen spielt, liegen nämlich zwei Funkgeräte zum Verkauf, die sehen aus wie neu, und auf dem Preisschild davor steht eine 1, die kann Juli schon lesen. Leider gehen die Funkgeräte nicht mehr, sagt Juliane, auch nicht, wenn man eine Batterie einlegt, weil sie nämlich kaputt sind. Aber sie sehen noch sehr, sehr gut aus und wenn man Polizei spielt, kann man Funkgeräte gut brauchen. Und ein Eurostück hat Juli dann

sogar noch übrig! Dafür kauft er sich auch noch was Gutes. Martinstag ist gar nicht so blöde.
Nach dem Mittagessen machen sie Flohmarkt und hinterher kommen die Eltern in den Kindergarten, weil sie beim Laternenumzug mitlaufen dürfen.
Das Baby schreit im Kinderwagen und Mama fragt, was Juli sich denn alles gekauft hat. Aber Juli hält nur seine Plastiktüte fest.

»Wirst du schon sehen!«, sagt er zufrieden und
passt auf, dass seine Laterne nicht auf den
Boden donnert. »Wirst du schon alles noch
sehen.«
Dann laufen sie dreimal um den Block und die
Erzieherinnen singen ganz laut Laternenlieder
und die Mütter und Väter unterhalten sich nett
und Juliane fällt ihre Laterne auf den Boden
und verbrennt mit einem wunderbaren

roten Feuer. Und dem kleinen Sascha geht
immerzu die Kerze aus und Juli darf sie mit
einem echten Feuerzeug wieder anzünden.
Zum Abschluss stellen sich alle mit ihren
Laternen vor dem Kindergarten im Kreis auf
und singen ein Lied von Sankt Martin und
wie heilig und gut der war.

Ungefähr so heilig und gut wie ich auch, denkt
Juli zufrieden und linst vorsichtig in seine
Plastiktüte. Oder noch nicht mal. Der hat nur
einen halben Mantel abgegeben und ich sogar
ein ganzes Klingeltelefon und guck mal, wie
es sich gelohnt hat. Man sollte viel öfter
Martinstag machen.

»Nun zeig mir aber mal, was du dir gekauft
hast«, sagt Mama, als sie wieder zu Hause sind.
»Ich bin ja schon ganz neugierig!«
Da macht Juli seine Plastiktüte auf. Darin liegen
die zwei Funkgeräte und ein ziemlich grauer
Stofflöwe, der quietscht, wenn man ihn auf den
Bauch drückt, und ganz unten liegt noch das
alte Klingeltelefon.

»Zurückgekauft«, sagt Juli zufrieden. »Für
fünfzig Cent.«

Mama lacht.

»Ich finde das auch gut, wenn man Flohmarkt
macht«, sagt Juli und bringt die neuen Sachen
in sein Zimmer. »Dass man den armen Menschen
hilft wie der heilige Martin. Können wir ruhig
mal öfter machen.«

Juli wird Erster

Zum Geburtstag hat Juli ein Fahrrad gekriegt
und das war auch wirklich mal nötig. Wanja
hat schon seit hundert Jahren ein Fahrrad und
Carolin auch, nur Juli musste immer noch
Gokart fahren.
»Das hat ja noch Stützräder!«, sagt Wanja,
als er am Geburtstag Julis Mutter die Blumen
gegeben und dem Baby sein kleines Mitbringsel

in die Hand gedrückt hat. »Das hat ja noch Stützräder, das ist ja für Babys!«, und er setzt sich sofort auf den Sattel und kurvt durch den Flur. »Da kannst du ja gleich wieder Dreirad fahren!«

»Ich hab ja gar kein Dreirad mehr!«, schreit Juli, aber da kommt Mama und sagt, dass sie sich nun alle schön vertragen und ganz gemütlich zusammen Geburtstagskaffee trinken wollen.

Das machen sie dann auch, aber als Juli aus
Versehen seine Serviette in den Apfelsaft von
Carolin tunkt, sagt sie, sie findet auch, sein
Fahrrad ist ein Babyrad.

Und weil sie alle über seine Stützräder lachen,
kann Juli am nächsten Tag leider noch nicht
mit den anderen draußen Fahrrad fahren,
obwohl Mama ganz böse wird und sagt, nun
hat er so lange gedrängelt und jetzt fährt er
immer nur im Flur. An der Wohnzimmertür ist
sogar schon ein bisschen Farbe ab von einem
Zusammenstoß und an der Badezimmertür
leider auch.

Aber am Wochenende packen sie das Fahrrad
in den Kofferraum und fahren bis zum
Schulhof, da ist sonntags nichts los. Und Juli
fährt immer im Kreis mit seinen Stützrädern,
bis Papa sagt, die hängen ja schon längst
in der Luft und eigentlich braucht Juli sie
gar nicht mehr. Darum gehen sie erst mal
Mittagessen und montieren die Räder ab.
Als sie am Nachmittag wiederkommen, kann
Juli wirklich ganz ohne Stützräder fahren und

das ist so ein glückliches Gefühl, dass er am liebsten immer nur weiterfahren würde, und er muss die ganze Zeit singen.

»Na siehst du, mein Großer!«, sagt Papa, als er Juli abends ins Bett bringt. »Da sollen die andern aber mal staunen!«

Aber am nächsten Morgen im Kindergarten
lacht Wanja Juli trotzdem wieder aus. »Ohne
Stützräder, haha!«, sagt Wanja. »Das kann ich
ja schon tausend Jahre! Aber so schnell wie ich
kannst du wetten lange noch nicht!«
»Wetten doch!«, schreit Juli.
»Wetten nicht!«, schreit Wanja, und wenn nicht
gerade die Erzieherin gekommen wäre, hätten
sie sich vielleicht noch geboxt.

»Das werden wir ja sehen«, flüstert Wanja, als
sie Schlusskreis machen. »Ob du so schnell bist
wie ich!«

»Werden wir ja sehen, genau«, flüstert Juli
zurück und er fühlt wieder so ein gutes Gefühl
im Bauch, weil er weiß, dass er schneller ist als
Wanja, tausendmal schneller. So schnell, wie
Juli gestern auf dem Schulhof war, ist Wanja
bestimmt nicht. Das war ja fast wie geflogen.

»Na, ihr beiden?«, sagt Mama, als nach dem
Mittagessen Wanja und Carolin vor der Tür
stehen. »Wollt ihr Juli abholen?«
Carolin nickt und Wanja tritt von einem Fuß
auf den anderen. »Fahrrad fahren«, sagt er
und guckt Juli so an. Und als Mama sagt, dass
sie bei diesem Regen das Fahrrad aber
bestimmt nicht nach draußen bringt, sagt
Wanja, dass es schon beinahe aufgehört hat,
und Carolin sagt, es ist eigentlich fast ganz

trocken mit Kapuze. Und Juli sagt, dass er am liebsten im Regen Fahrrad fährt, am aller-, allerliebsten. Da fängt zum Glück das Baby an zu schreien, weil es seinen Mittagsschlaf braucht, und Mama sagt: »Na gut!« und schleppt das Fahrrad die Treppe runter.

Draußen ist es grau und sogar mit Kapuze noch
nass, aber als Juli sich auf das Fahrrad setzt, hat
er trotzdem gleich wieder das gute Gefühl.
»Ganz ohne Stützräder, da seht ihr mal!«, brüllt
er Wanja und Carolin zu und dann fährt er wie
der Blitz an ihnen vorbei.
»Du eierst ja, äähh, du eierst ja total!«, schreit
Carolin. »Da fährt ja meine kleine Schwester
besser!«

»Ich eier überhaupt gar nicht!«, brüllt Juli
zurück und dann kippt er leider fast genau in
eine Pfütze. Das kommt nur, weil kein Mensch
gleichzeitig nach vorne Rad fahren und nach
hinten mit Carolin reden kann. »Das werden
wir ja sehen, wer schneller fährt! Das werden
wir ja gleich sehen!«
Dann stellen sie ihre Räder genau in eine
Reihe und Wanja kniet sich davor und guckt,
ob auch kein Rad zu weit vorsteht. Und Juli
kniet sich dazu und guckt auch, weil er weiß,
dass Wanja immer schummelt. Erst als die
Räder wirklich ganz genau in einer Reihe stehen,
ganz haargenau, stellen sie einen Fuß auf die
Pedale und warten auf Wanjas Kommando.

»Auf die Plätze!«, schreit Wanja und Juli fühlt
so ein Zittern in den Beinen und so eine
Aufregung, dass er es gar nicht mehr aushält.
»Fertig! – Los!«
Dann sausen sie ab, immer zu dritt nebeneinan-
der bis zu den Garagen. Und wenn Juli nicht
plötzlich der Fuß von der Pedale gerutscht
wäre, nur weil alles so nass ist, und wenn er
nicht gerade vor den Garagen umgekippt wäre,
hätte er ganz bestimmt gewonnen.

»Erster!«, ruft Wanja und haut auf seinen Sattel.

»Zweiter!«, ruft Carolin und grinst so gemein.

»Siehst du mal!«, schreit Wanja.

Aber da ist Juli schon aufgestanden und sagt,
dass es mit Hinfallen nicht gilt und dass sie
deshalb noch mal fahren müssen.

»Du kannst ja nur nicht verlieren!«, brüllt
Carolin, aber dann messen sie wieder, ob ihre
Räder richtig stehen und Wanja sagt »Auf die
Plätze – fertig – los!« und sie sausen ab wie drei
Raketen.

»Erster!«, ruft Carolin und klingelt wie verrückt.

»Zweiter!«, ruft Wanja. Und da ist Juli endlich
auch bei den Garagen.

»Siehst du mal!«, sagt Wanja und grinst so
gemein.

»Gib zu, dass du Letzter bist!«, schreit Carolin.
Da kneift Juli die Lippen zusammen und steigt
auf sein Fahrrad und kippelt nur ein ganz
kleines bisschen. »Bin ich gar nicht!«, schreit
Juli und tritt in die Pedale, dass er bestimmt
wieder so schnell ist, als ob er fliegt. »Ihr habt
ja geschummelt!«
Und er rast über den ganzen Parkplatz bis
zur Ausfahrt und auf dem Fußweg bis zum
Supermarkt und einmal hätte er fast einen
Hund überfahren.

Das ist ja alles geschummelt, schneller als Juli fährt keiner.
Juli fährt so schnell, als ob er fliegt, das kann er doch wohl
merken. Aber Carolin und Wanja, die haben bestimmt
geschummelt, und jetzt lachen sie ihn wieder aus.

Vor dem Supermarkt steigt gerade Dennis auf
sein Mofa.

»Na Juli-Puli?«, sagt Dennis. Dennis hat eine
Lederjacke und einen Ohrring im Ohr und
ganz bunte Haare und eigentlich möchte Mama
nicht so gerne, dass Juli mit ihm redet. »Warum
heulst du denn?«

»Tu ich gar nicht!«, sagt Juli und wischt sich mit
dem Ärmel übers Gesicht. »Bist du blöde?«

Dennis klemmt seinen Korb auf den Gepäck-
träger und grinst Juli an. »Kommt nur vom
Fahrtwind, dass die Augen tränen, was?«, sagt
er. »Du rast ja auch ganz schön schnell, Mann!«
»Genau ras ich schnell!«, sagt Juli und zieht die
Nase hoch. »Ich ras wetten schneller als du!«
»Jede Wette!«, sagt Dennis und schwingt
sein Bein über den Sitz. »Wolln wir mal 'ne
Wettfahrt machen?«

Juli überlegt. Wenn er nicht mal so schnell ist wie Wanja und Carolin, dann kann er doch ganz bestimmt nicht so schnell sein wie Dennis. Aber es ist auch nicht schlimm, wenn er gegen Dennis verliert. Dennis ist ja schon alt und Dennis hat auch ein Mofa und Dennis lacht ihn nicht aus. »Können wir«, sagt Juli und fährt los. »Auf die Plätze – fertig – los!«

Da hört er hinter sich schon das Mofa und eine
Frau schreit, dass das eine Frechheit ist, mit
einem Mofa auf dem Fußweg, aber Juli kann
sich jetzt nicht zu ihr umdrehen.
Juli muss in die Pedale treten und sich ganz tief
über den Lenker beugen und fahren wie der
Blitz. Und die ganze Zeit wartet er, dass das
Mofa ihn überholt.

»Sieger!«, schreit Juli und jetzt kommt auch
Dennis auf seinem Mofa an und grinst.
»Du bist ja echt schnell, Mann, muss ich schon
sagen!«, sagt er und hält Juli einen Kaugummi
hin. »Hätte ich echt nicht geglaubt!«

»Aber hast du gesehen!«, ruft Juli und seine
Stimme kippt fast um, weil er jetzt wieder dieses
wunderbar glückliche Gefühl hat. »Ich war
Erster!«
»Warst du, logisch, Mann!«, sagt Dennis und
haut Juli die Hand auf die Schulter. »Hätte ich
ja echt nicht gedacht!«

Hat er echt nicht gedacht, denkt Juli zufrieden,
als er die Treppe zu Mama nach oben steigt.
Sein Anorak ist matschig vom vielen In-die-
Pfütze-Kippen und Mama muss bestimmt gleich
schimpfen. Und gegen Wanja und Carolin hat
er verloren. Aber zwischen seinen Zähnen
kleistert ein echtes Kaugummi von Dennis und
schmeckt nach Pfefferminz.
Juli drückt auf den Klingelknopf. Mal sehen,
ob er es morgen nicht wieder mit Wanja und
Carolin versucht.

Juli und das Monster

Immer, wenn Juli aufs Klo geht, sitzt da ein
Monster und wartet auf ihn. Man kann es nicht
sehen, aber es ist da: Monster sind nämlich
manchmal unsichtbar.

»Es gibt gar keine Monster, mein Schatz«, sagt
Mama und wechselt dem Baby die Windeln.
Aber das Monster im Klo gibt es und vielleicht
greift es mal nach Juli und beißt ihn in den Po.
»Komm schnell noch mal aufs Klo, bevor du
zum Kindergarten gehst«, sagt Mama.

Aber im Klo sitzt das Monster und wartet auf
Juli.
Da zieht Juli sich lieber seine Schuhe an und
kneift die Beine zusammen und trampelt von
einem Fuß auf den anderen. »Ich muss ja gar
nicht«, sagt Juli.
»Ich seh doch, dass du musst!«, sagt Mama. Das
Baby zappelt so, dass sie fast die Windeln nicht
zugeklebt kriegt. »Nun mach schon, Juli, und
dann gehen wir los.«

Aber Juli sagt: »Nein, nein, weißt *du* doch gar
nicht!« und da zuckt Mama mit den Achseln
und zieht sich auch ihre Schuhe an. Sie legt
das Baby in die Karre und geht mit Juli zum
Kindergarten.
»Aber nicht, dass unterwegs was in die Hose
geht!«, sagt Mama.

Das kann sie ja leicht sagen, aber der Weg ist wirklich ziemlich weit und wenn Juli nicht schon so groß wäre und wenn nicht so viele Autos unterwegs wären und Leute und Schulkinder, dann würde er sich doch *vielleicht* einfach irgendwo hinter einen Baum stellen, so dringend fühlt es sich an. Aber so geht das natürlich nicht. Da gehen eben leider ein paar ganz winzig kleine Tropfen in die Hose, das muss Mama ja nicht wissen.

Im Kindergarten muss Mama ihm natürlich wieder einen Abschiedskuss geben und das Baby schreit immerzu: »Aguuu! Aguuu!« und streckt die Arme aus und da sagt Mama, dass Juli sich auch von ihm ganz lieb verabschieden soll.

Aber dann gehen sie Gott sei Dank endlich nach Hause und da zieht Juli sich blitzschnell seine Straßenschuhe aus und die Kindergarten- schuhe an. Jetzt geht Juli aufs Kindergartenklo, das ist besser.

Natürlich kann man nicht wissen, ob nicht auch
im Kindergarten Monster auf dem Klo hocken.
Das Kindergartenklo hat drei Kabäuschen,
da *könnte* sich natürlich auch ein Monster
verstecken. Es *könnte* sogar aus Julis Klo dahin
geschwommen kommen, unterirdisch, durch
die Kanalisation. Nur um auf Juli zu warten.

So gemein ist das Klomonster nämlich. Aber im
Kindergarten sind Monster nicht so gefährlich.
Weil man da nämlich nicht alleine gehen muss.
»Arne?«, ruft Juli und streckt den Kopf durch
die Gruppenraumtür. »Kommst du mit aufs
Klo?«

»Zuerst wird hier mal Guten Morgen gesagt!«,
sagt die Erzieherin und schüttelt Juli die Hand.
»Und du weißt ganz genau, dass ihr alleine aufs
Klo gehen sollt, zusammen ist verboten.«
Aber gestern ist Juli heimlich mit Nina und
Katrin gegangen und das war schön. Da haben
sie sich zu dritt in ein Kabäuschen gequetscht
und zuerst hat Nina gepinkelt und dann hat
Katrin gepinkelt und zuletzt auch noch Juli.
Und Juli musste ein bisschen lachen, als Nina
sich aufs Klo gesetzt hat und als Katrin sich aufs

Klo gesetzt hat, und als er dann dran war,
haben die Mädchen gelacht. Da hat Juli das
Monster ganz vergessen und bei so viel Gelache
hat es sich natürlich sowieso nicht getraut.
Aber die Erzieherin hat sich getraut! Sie hat
das Lachen gehört und die Kabäuschentür
aufgerissen und so laut geschimpft, dass das
Monster vor Schreck bestimmt wieder in die
Kanalisation zurückgeschwommen ist. Und
zu Juli hat die Erzieherin lauter unfreundliche
Sachen gesagt. Mit den Mädchen geht Juli
vielleicht nicht mehr aufs Klo.

»Flori?«, flüstert Juli und jetzt muss er die Beine
schon fast über Kreuz machen, so grässlich
fühlt es sich an. »Kommst du mit mir zum Klo?«
Aber Flori muss Lego bauen und Arne muss
Puzzles stecken und Richard traut sich nicht
und im Klo sitzt bestimmt wieder das Monster
und reckt seinen Kopf über den Rand.
»Fabian?«, flüstert Juli.

Und da ist es schon passiert. Man kann es kaum glauben, das Allerschrecklichste ist passiert, das Aller-, Allerschrecklichste, wenn man schon groß ist und kein Baby mehr.

»Juli hat in die Hose gemacht!«, schreit Bitzi und dann kommen alle aus der Puppenecke und aus der Bauecke und vom Maltisch und gucken Juli an, Juli und seinen kleinen See,

und die Mädchen kichern und die Jungs stoßen sich an und Juli kneift die Beine ganz fest zusammen. Aber das hilft nun auch nichts mehr.

»Du meine Güte!«, sagt die Erzieherin. »Auch das noch!«

Dann holt sie einen Waschlappen und wischt den See weg und dann nimmt sie Juli bei der Hand und geht mit ihm ins Erzieherinnenzimmer.

Da muss er eine von den grässlichen Ersatzhosen anziehen, die passt ihm kein bisschen, und eine Ersatzunterhose, die ist ihm viel zu groß. »Willst du jetzt lieber schnell noch mal aufs Klo?«, fragt die Erzieherin. »Dass so was nicht noch mal passiert?«

Aber jetzt muss Juli schon längst nicht mehr.

Und in den Gruppenraum will er auch nicht, weil da jetzt alle sitzen und lachen, aber die Erzieherin sagt, er muss dahin, und nimmt ihn bei der Hand.

Und natürlich lachen sie alle wirklich und Arne ruft: »Baby!« und Juli denkt, dass er morgen bestimmt nicht wieder hierher geht und heute haut er den Lachern noch mal ordentlich eine runter, dass sie wissen, wer hier ein Baby ist. Leider findet die Erzieherin das gar nicht schön und bringt Juli in die Fensterecke, damit er sich besinnt, und die anderen schickt sie nach draußen. Dann geht sie selber hinterher.

Nur auf Katrin hat sie wohl nicht richtig
aufgepasst.

»Na, Juli?«, sagt Katrin an der Tür zum Garten.
Sie hat überhaupt kein Lachgesicht mehr. »Die
Hose ist aber doof!«

»Hau ab!«, sagt Juli und dreht sich zur Wand.
»Sonst hast du gleich die Nase blau!«

Aber Katrin haut überhaupt gar nicht ab.

»Ich hab mir auch mal in die Hose gemacht«,
sagt Katrin. »Im Kaufhaus. Da war mir das Klo
so eklig.«

»Hau ab!«, sagt Juli wieder. Aber das von der
blauen Nase sagt er nicht noch mal.

»Hier sind die Klos ja nicht eklig«, sagt Katrin.
»Hier geh ich immer.«

»Im Klo sitzt ein Monster«, murmelt Juli.

»Vielleicht.«

Jetzt muss Katrin sagen, dass es keine Monster
gibt. Und schon gar nicht im Klo. Aber das sagt
Katrin nicht.

»Ich weiß«, sagt Katrin. »Bei uns zu Hause
auch.«

»Bei euch zu Hause auch?«, fragt Juli verblüfft.

»Und was machst du da?«

»Ich pinkel ihm auf den Kopf«, sagt Katrin zufrieden. »Und dann haut es ab.«

»Ehrlich wahr?«, fragt Juli ungläubig. »Und dann haut es ab?«

»Heilig geschworen«, sagt Katrin und dann gehen sie zusammen nach draußen und rollen in den Tonnen.

Und zu Hause hat Juli den Trick
dann gleich ausprobiert.
Er ist einfach aufs Klo gegangen,
ganz alleine, und er hat sich
ganz dicht davor gestellt.
Und dann hat er gesagt:
»Monster, hau ab! Sonst pinkel
ich dir auf den Kopf.«
Und das hat er auch getan.

COMIX

Und tatsächlich, das hat das Monster nicht
gemocht. Jedenfalls war es von da an ver-
schwunden, für immer und immer.
Es war nicht mal mehr unsichtbar da. Und
wenn Juli im Kindergarten jetzt immer noch
mit Arne und Flori und Fabian und Katrin und
Nina aufs Klo geht, dann überhaupt nicht, weil
er Angst hat – einfach nur, weil es lustig ist.

Juli und die Liebe

Am Dienstag hat Katrin sich von Juli scheiden lassen und nur, weil er sich an der Schaukel vorgedrängelt hat.

»Weg da, du Blödi, ich bin dran!«, hat Katrin geschrien und Juli hat »denkst du wohl, haha!« gerufen und einfach weitergeschaukelt. Da hat Katrin mit Sand nach ihm geschmissen und geschrien, dass sie ihn jetzt aber nicht mehr heiraten will.

»Dann lass ich mich eben scheiden!«,
hat Katrin gebrüllt, aber Juli hat
gar nicht richtig hingehört, weil
die Schaukel so hoch und
so gut geflogen ist, dass
Juli gedacht hat, gleich
macht sie einen Überschlag.
Da war ihm Katrin doch
ganz egal.

Aber abends, als Papa im Badezimmer das Baby
wickelt und Mama ihm einen Gutenachtkuss
gibt, muss er es doch erzählen.

»Katrin will mich nicht mehr heiraten«, sagt Juli
und rubbelt seine Wange ein bisschen gegen
Mamas Wange.

»Ach, wirklich?«, sagt Mama. »Ich denk, das ist
schon seit der Krabbelgruppe beschlossene
Sache?«

»Jetzt nicht mehr«, sagt Juli und kuschelt sich unter seine Decke. »Man muss aber keine Verliebte haben.«

»Nein, das muss man nicht, mein Schatz«, sagt Mama ganz lieb. »Du hast ja uns.«

Dann schaltet sie das Licht aus.

Aber am nächsten Morgen ist es im Kindergarten
doch nicht so schön. So ganz viel hat Juli sonst
auch nicht mit Katrin gespielt, das muss man ja
nicht, wenn man heiraten will. Aber dass Katrin
heute bei Wanja mitspielt, als der mit Flori eine
Bande gegen die Bärengruppe macht, findet
Juli doch nicht so gut.
Darum geht er lieber nach drinnen, wo Britta
gerade mit der Schablone Teile für eine lustige
Bastelkatze auf Moosgummi malt. Britta ist die

Praktikantin und sie ist noch nicht lange da.
»Na, Juli?«, sagt Britta. »Willst du mir helfen?«
Und dabei guckt sie so lieb, dass Juli ein ganz
komisches Gefühl im Bauch kriegt. Und ein
wunderschönes Gesicht und eine schöne
Stimme hat Britta auch, und sie riecht so gut,
und überhaupt ist sie tausendmal wunderbarer
als Katrin.

»Nee, ich guck vielleicht lieber zu«, sagt Juli
und er merkt, wie er ein kleines bisschen
rot wird dabei. Aber das ist ihm fast ganz
egal. Britta guckt sowieso immer nur auf die
Schablone.

»Prima, dann bin ich nicht mehr so einsam hier
drin«, sagt Britta und Juli merkt, dass seine Füße
jetzt am liebsten rennen würden und sein Mund
möchte ganz laut singen. Und den ganzen
Morgen fühlt er sich so glücklich, dass man fast
glauben könnte, er hätte bald Geburtstag.

Beim Abendbrot soll das Baby zum ersten Mal
versuchen, allein mit einem Löffel zu essen,
und darum kann Mama sich nicht richtig um
Juli kümmern. Und Papa ist beim Alt-Herren-
Fußball.

»Wie alt muss man denn sein, wenn man
heiraten will, Mama?«, fragt Juli.

»Das kommt ganz darauf an«, sagt Mama.

»Ein paar Jahre musst du schon noch warten.
Kenn ich die Dame?«

»Welche Dame?«, sagt Juli, aber dann versteht
er, was Mama meint, und da kneift er die Lippen
fest zusammen. Alles muss Mama schließlich
auch nicht wissen.

Aber als Mama ihn ins Bett bringt, muss Juli
doch noch mal ganz vorsichtig fragen. »Die
Frauen können ja auch älter sein«, sagt Juli
und guckt Mama gar nicht an dabei.

»Klar, mein Schatz, da gibt es keine Vorschriften«,
sagt Mama und stopft die Decke ganz gemütlich
um Juli rum. Dann gibt sie ihm einen Kuss.
Juli seufzt zufrieden. »Ich finde alte Frauen
gerade gut«, sagt er, und dann macht er die
Augen zu und stellt sich vor, wie der blöde
Wanja und Flori und Katrin mit ihrer Bande
Britta verprügeln wollen, aber dann kommt
zum Glück Juli und rettet sie ganz alleine.
Dann schläft Juli ein.

In den nächsten Tagen ist es im Kindergarten
viel schöner als sonst. Juli hat gar nicht gewusst,
dass sogar Basteln Spaß machen kann, und er
räumt auch immer die Bauecke auf, ohne dass
die Erzieherin schimpfen muss.
Und wenn er Glück hat, kommt dann Britta
vorbei und strubbelt ihm über den Kopf und
sagt: »Mensch, Juli, toll!« Da merkt Juli gleich
wieder dieses große Glück in seinen Beinen
und überall.

Und dann legt die Erzieherin einmal den Finger auf die Lippen und guckt ganz geheimnisvoll. Und als Britta den Frühstückswagen in die Küche schiebt, flüstert sie, dass die Praktikantin morgen Geburtstag hat. Da sollen die Kinder mal alleine eine schöne Überraschung für sie machen und ein Bild malen, und die Erzieherin passt auf, dass Britta nicht guckt.

»Was kann man denn einer schenken, die
schon vielleicht zwanzig ist, Mama?«, fragt Juli,
als Mama ihn mit dem Baby vom Kindergarten
abholt.

»Das kommt ganz darauf an«, sagt Mama. »Wer
soll das denn sein?«

»Ach, das ist nur die Praktikantin«, sagt Juli und
hebt schnell dem Baby den Schnuller auf.
Immer muss es ihn aus der Karre schmeißen.

»Malt ihr denn kein Bild?«, sagt Mama erstaunt.
»Das habt ihr doch sonst immer gemacht.«
Juli zuckt die Achseln. »Sag doch mal, Mama!«,
sagt er drängelig. »Was findet die denn gut?«
Mama guckt ihn ziemlich nachdenklich an.
»Vielleicht könntest du ja zu Hause noch was
basteln?«, sagt sie vorsichtig. »Mit unseren
schönen Bügelperlen vielleicht?«
Aber gebastelt hat Juli in der letzten Zeit im
Kindergarten wirklich genug und darum
schließt er am Nachmittag lieber mit einem
ganz winzigen Schlüssel die Klappe am Bauch
von seinem geblümten Sparschwein auf und
holt zwei Euro vom Weihnachtsgeld von Onkel
Karl heraus.

Dann geht Juli mit Mama zum Supermarkt und
kauft eine große Tüte Gummitiere, da bleibt
von dem Geld sogar noch was übrig. Und zu
Hause packt er die Tüte fast ganz alleine schön
ein, nur bei der Schleife muss Mama ihm ein
winziges bisschen helfen.

Und Juli freut sich auf den nächsten Tag und
freut sich und freut sich und das ist doch
wirklich irgendwie komisch, wo es noch nicht
mal *sein* Geburtstag ist.

Aber dann wird im Kindergarten doch alles anders, als Juli gedacht hat, und da sieht man mal wieder, dass die wichtigen Sachen im Leben manchmal nicht so einfach sind.

»Wie schön, dass du geboren bist!«, singt die ganze Gruppe und Britta sitzt auf dem Geburtstagsstuhl und hat die Geburtstagskrone auf dem Kopf, und am Schluss pustet sie mit einem großen Puster alle Kerzen auf der Geburtstagseisenbahn aus.

»Dankeschön, das ist aber lieb von euch!«, sagt
Britta und da flitzt Juli auf den Flur und holt
sein Päckchen. Nun soll Britta mal sehen, wer
hier der Allerliebste ist.
Da sieht Britta schon ganz aufgeregt aus und
aus Versehen reißt sie beim Auswickeln sogar
das Papier ein bisschen kaputt. Und als sie die
Gummitiertüte anguckt, sieht Juli ganz genau,
dass sie jetzt aber erst richtig glücklich ist. Dann
strubbelt sie Juli durch die Haare, genau wie er
es sich vorgestellt hat und sie sagt: »Das ist aber
lieb von dir, Juli!«

Nur dass sich danach jedes Kind aus der
Gruppe ein Gummitier nehmen darf, findet Juli
gar nicht so gut. Für den blöden Wanja hat er
sein Schwein schließlich nicht geschlachtet.
Aber dass Britta so ein gutes Herz hat und
anderen Menschen von ihren Sachen etwas
abgibt, ist nun auch wieder gut. Menschen mit
einem guten Herzen sind das Salz in der Erde,
sagt Oma.

Danach ist im Kindergarten alles wie jeden Tag,
nur dass Wanja sagt, wer einer Praktikantin ein
Geschenk mitbringt, ist ja wohl krank im Kopf.
Da hätte Juli Wanja fast eine gescheuert, aber
leider guckt Britta gerade und sie sieht ihn so
stirnrunzelig an und darum lässt er es lieber.
Da hat Wanja noch mal Glück gehabt. Und
weil heute ihr Geburtstag ist, darf Britta sogar
früher nach Hause.

»Du kannst gehen, Britta, dein Lover ist da!«,
sagt die Erzieherin, als Juli gerade mit Flori
Krankenhaus spielt, und Juli lässt Flori einfach
liegen und flitzt zur Tür, um zu gucken, was ein
Lover ist. Wenn Britta einen hat, kann das ja
nur etwas Gutes sein.
Vor der Tür steht Britta und hat einem
hässlichen alten Mann die Arme um den
Hals geschmissen und der hässliche Mann hat
seinen Mund auf ihren Mund gequetscht und
Britta hat sogar die Augen zu.

Da rennt Juli zurück in den Gruppenraum, wo Flori noch immer auf dem Fußboden liegt und wartet, dass Juli ihn operiert, und in Juli drin ist ein Gefühl wie lauter Dunkelheit und als ob er ganz hohl ist und Juli kickt mit Wucht gegen einen Stuhl. Wenn die Erzieherin nicht da ist, geht das ja mal.

Da boxt ihn Katrin von hinten gegen den Rücken. »Na, Juli, na?«, sagt sie vorsichtig. »Sind wir noch verkracht?«

Aber Juli antwortet gar nicht. Juli muss jetzt auch noch die Gemüseschale mit den Plastik-kartoffeln über den Boden kicken, die die Mädchen wieder nicht in die Puppenecke zurückgeräumt haben.

»Weiß ich doch nicht!«, sagt er böse und jetzt tritt er auch noch gegen das Müllauto.

»Wenn wir nicht mehr verkracht sind, kann ich vielleicht ja mit Krankenhaus spielen«, sagt

Katrin und hält Juli am Arm fest. »Ich kann
auch Verletzter sein.« Und dabei zupft sie
immer so an seinem Ärmel und guckt Juli auch
immer so an, dass er denkt, na gut, vielleicht
kann Katrin mitspielen.
Dann gehen sie zusammen zu Flori und
Flori sagt, jetzt ist er schon von alleine gesund
geworden, wenn der Arzt immer so lange weg
ist, und darum ist es doch ganz gut, dass Katrin
jetzt krank sein kann. Und sie legt sich auch
ganz lieb auf den Boden und Juli operiert ihr
die Polypen raus und danach operiert Katrin

ihm seine Polypen raus und Juli denkt, dass er
sie dann ja vielleicht doch wieder heiraten
kann. So schön alt wie Britta wird sie schon
ganz von alleine.

Und als Mama ihn am Nachmittag abholt, hat
Juli fast schon wieder ganz gute Laune. Nur
dass er sein Weihnachtsgeld für eine ausgegeben
hat, die hässliche alte Männer küsst, ist
eigentlich schade.